조선의
 참된 의사
황도연

조선의 참된 의사 황도연

한민혁 글 | 김병하 그림

보리

인물 이야기

황도연

1808년~1884년

1808년(1세)
가난한 양반 가문에서 태어남.

1847년(40세)
의관이 됨.

1868년(61세)
《의종손익》 펴냄.

1823년(16세)
의학 공부를 시작함.

1855년(48세)
첫 의학책 《부방편람》 펴냄.

1884년(77세)
세상을 떠남. 그 뒤 《방약합편》이 출간됨.

참된 의원의 길을 걸었던 **황도연**

황도연은 한양의 민간 의원으로 시작해
왕의 건강을 살피는 어의까지 된 이야.
그가 살았던 조선 후기는 사회 분위기가 매우 어지러웠어.
유럽이 총과 대포를 들고 아시아를 쳐들어오고 있었고,
조선도 그 소용돌이에서 자유로울 수 없었지.
백성들의 삶은 고달팠고, 전염병도 크게 돌았어.
어두운 시대를 살아가면서도
황도연은 한 사람의 백성이라도 더 살리고자
늘 고민하며 치열하게 의학을 연구했어.
황도연이 남긴 의학책은 우리 한의학의 발전에 크게 이바지했어.
궁궐의 왕이든 가난한 백성이든 환자를 가리지 않았던
황도연은 조선의 참된 의사였어.

1808년, 황도연은 가난한 양반 가문에서 태어났어. 태어났을 때 이름은 도순이었지만, 훗날 이름을 바꿔 도연이 되었지. 그때 조선은 힘 있는 자들이 어린 왕을 끼고 세도 정치*를 펼치던 때였어.

*세도 정치 : 왕의 친척이나 신하가 강력한 권력을 갖고 온갖 나랏일을 마음대로 하는 것.

나라의 기틀이 무너지자 백성을 위해 일해야 할 관료들이 오히려 백성의 등골을 뽑아 먹는 지경이 되었지.

백성들은 제대로 먹지 못해
굶주리고 쇠약했어.
몸이 약해지면 전염병도
쉽게 걸려.

도연이 열네 살 되던 해, 고을마다 호역이라고 불리는 콜레라가 돌았어. 유럽에서 시작되어 온 세계로 퍼져 나간 전염병이 조선에도 들어온 거야. 수많은 사람이 죽었는데, 늘어나는 시체를 어쩌지 못해 거리 곳곳에 그냥 버려둘 정도였어.

그해 도연의 아버지가 세상을 떠났어. 홀어머니를 둔 도연은 어린 나이에 당장 먹고살 걱정을 해야 했지. 도연은 결국 과거 공부를 포기하고, 열여섯이 되던 해부터 의학 공부를 시작했어.

조선 시대에는 양반이 의원 일을 하는 경우가
드물었어. 보통 양반보다 지위가 낮은 중인이 하던
일이었거든. 그렇지만 도연은 직업을 고를 때 신분의
높고 낮음을 따지지 않았어. 그보다 아버지를 잃은
상처와 집안의 어려움을 이겨 내는 데 집중했지.

도연은 의학을 공부하면서
점점 사람을 살리는
의원이 되기로 마음먹어.

묵묵히 의학의 길을 걷던 도연은 한양에서 이름난
의원이 되었어. 가정을 꾸려 아들도 하나 두었지.
아들 필수는 훗날 공자와 맹자의 가르침을 공부하는
학자가 돼.

1847년, 궁에서 도연에게 왕의 건강을 살피고, 나라의 의학을 다루는 의관을 맡겨. 의관이 되려면 의관 학교에 다니거나 의과 시험을 봐야 했지만, 조선 후기에는 민간에서 이름난 의원에게 나랏일을 맡기기도 했어.

마흔에 궁으로 들어간 도연은 스무 해 가까이 성실히 일하고 배웠어. 궁궐 밖에서 백성을 치료하며 배웠던 의술에, 오랜 기간 쌓인 국가의 관의학이 더해져 그의 의학은 더 단단히 익어 갔어.

1849년, 헌종 임금이 스물두 살 나이로 갑자기 숨을 거두자, 헌종의 친척인 열아홉 살 철종이 뒤를 이었고, 세도 정치는 더욱 막강해졌어.

이때 도연에게 뜻밖의 기회가 찾아와. 새 왕의 즉위 소식을 알리기 위해 청나라로 보내는 외교 사절단에 들어가게 된 거야.

베이징에 도착한 도연은 명나라 때 편찬된 의학책
《본초강목》《경악전서》를 읽으며 새로운 지식을
접하고, 한창 유럽의 문화와 기술이 소개되던 청나라를
통해 다른 나라 의학에 대한 이해를 넓혀.

1855년, 도연의 나이도 어느덧 쉰을 바라보고 있었어.
도연은 새로운 시대에 맞는 의학책을 쓰고 싶었어.
자신의 오랜 경험과 허준의 《동의보감》을 토대로 의학
지식을 정리했지.

> '동의'는 중국이나
> 다른 나라와 구별되는,
> 우리 고유의 의학을 말해.

지역에 따라 의학 또한 달라진다고 생각한 도연은
수십 해 동안 연구한 다양한 병의 처방과 동료
의원들의 경험을 담은 책들을 써냈어. 그렇게
나온 책들이 《부방편람》《의종손익》《의방활투》
《방약합편》 들이야.

도연은 의학의 도움을 받을 수 없는
가난한 백성 또한 걱정했어.

의원이 없는 시골에서는 병이 돌면 사람들이 무당을
찾아가곤 했어. 달리 뾰족한 수가 없었으니까.

1821년에 이어 1860년대에도 콜레라가 조선을 덮쳤어. 쥐 귀신이 이 병을 일으킨다고 믿은 사람들은 고양이 귀신에게 기도하거나, 고양이 그림을 집에 붙이곤 했어. 조정에서도 어서 혼란이 지나가길 바라며 하늘에 제사를 지낼 뿐이었어.

아직 유럽에서도 세균이나 바이러스의 원인을 제대로 모를 때였는데, 도연은 콜레라를 한의학 이론으로 분석하고 증상을 관찰하면서 날씨와 음식이 콜레라의 원인인 것을 깨달았어. 그는 치료를 위한 약을 만드는 법과 예방법을 연구해 사람들에게 알렸어.

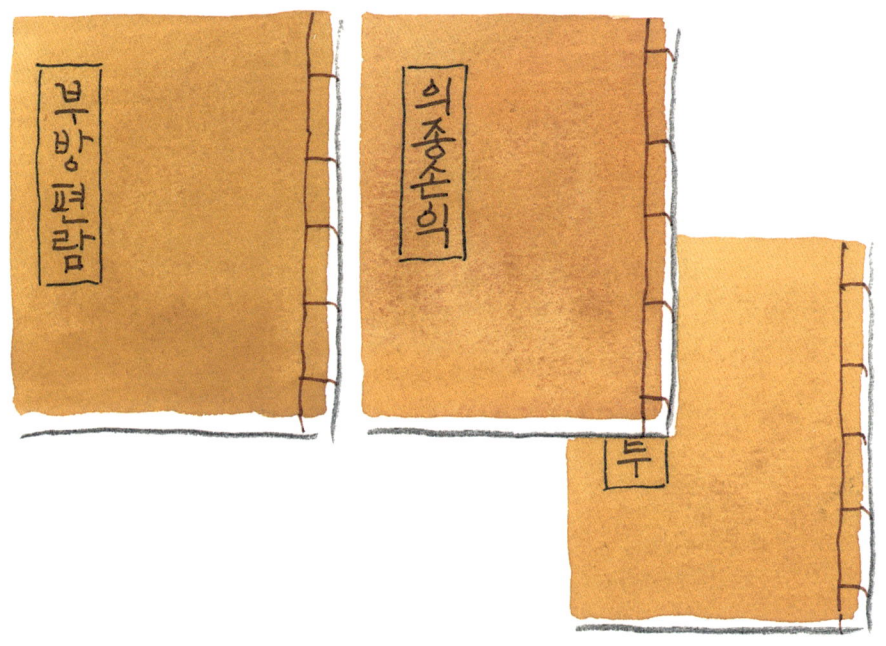

**도연이 남긴 《방약합편》은
우리 한의학의 필수 참고서가 되었어.**

이 책을 주춧돌로 오늘날까지 한의학 연구가
꾸준히 이어졌지. 누구나 응급 처치를 할 수 있도록
쉽게 쓰여 백성들 사이에 널리 퍼진 책이기도 해.
일본에서도, 유럽에서도 한국 의학을 이해하는 데
이 책을 첫손에 꼽아.

도연은 어지러운 세상 속에서도 늘 참된 의원의 길을 고민했어. 조선 후기에는 그저 돈을 벌기 위해 필요치 않은 약을 과하게 처방하거나, 허투루 진단하는 의원이 많았거든.

그러나 혼란스러운 시대에 환자를
가리지 않았던 그에게는 가난한
백성과 궁궐의 왕이 다르지 않았어.
도연은 사람과 조선을 위해 늘
치열하게 의학을 연구하는 삶을
살았어.

역사 이야기

청동기 시대 침부터 《동의보감》까지
우리나라 의학의 역사

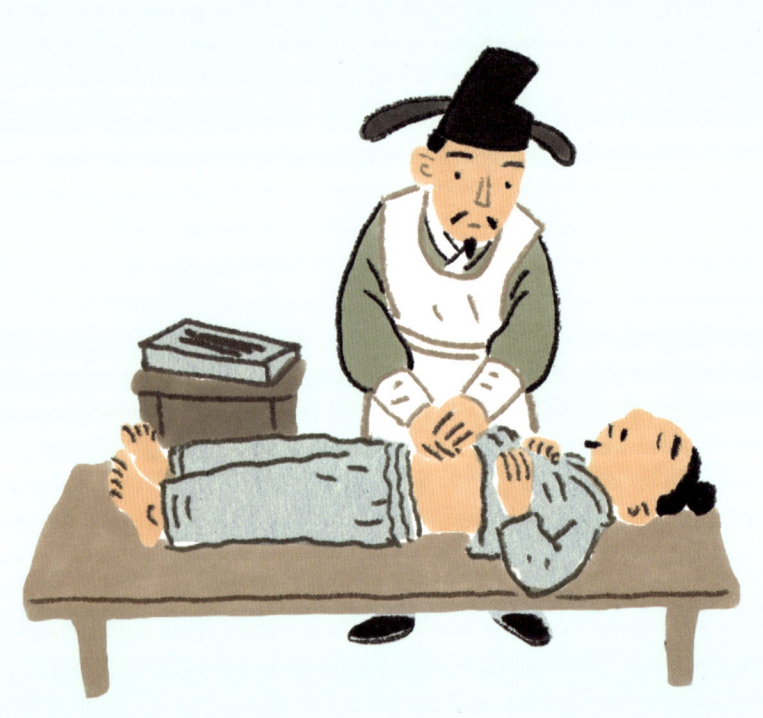

우리나라 의학의 역사와 전염병

인간의 역사에서 질병은 떼려야 뗄 수 없는 존재야.
어느 시대에나 아픈 사람은 늘 있었지.
그런 질병과 싸워 온 역사가
인간의 역사라고 해도 틀린 말은 아니야.
지식과 기술이 부족했던 옛날에는
아픈 사람이 생기면 신에게 낫게 해달라고
비는 것 말고는 할 수 있는 게 없었어.
그러다 경험이 쌓이면서 의술도 발달하게 되었고,
그에 따라 수명도 늘게 되었지.
지금부터 우리나라 의학이 어떻게 시작되고,
발전했는지 얘기해 줄게.
더불어 인간을 늘 괴롭혔던 전염병의
역사에 관해서도 살펴보자.

우리나라 의학의 시작

청동기 시대

두만강 둘레에 있는 청동기 무덤에서
뾰족한 바늘이 여러 개 나왔는데
실을 꿰는 바늘귀가 없었대.
그래서 학자들은 이 바늘이 아픈 사람에게
침을 놓는 도구가 아니었을까 헤아리고 있어.
청동기 시대에도 침술이 널리 쓰였다는 증거지.

삼국 시대

삼국 시대 이전에도 아픈 사람을 돌보고
병을 고치는 의사는 분명 있었을 거야.
기록이 없으니 누가 어떤 치료를 했는지
정확히 알 수 없을 뿐이지.
우리 역사에 기록된 최초의 의사는
《일본서기》에 나오는 김무라는 신라 사람이야.
김무는 414년 일본에 파견되어
당시 일본 왕의 다리를 고쳐 주었대.

459년에는 일본이 백제에 의사를 보내 달라고 요청해서
개로왕이 고구려 출신 의사 덕래를 보내기도 했어.
이후 덕래는 오늘날의 오사카인 나니와에 자리를 잡고
의학을 전하며 제자를 키웠다고 해.
백제에는 의술을 담당하는 관직인 의박사,
약을 담당하는 관직인 채약사가 따로 있었어.
그만큼 의학이 체계를 갖추고 있었던 거지.

고려 시대

고려는 통일 신라의 의학을 이어받고, 중국의 제도를 배워
의료 제도를 더 튼튼하게 만들었어.
고려에는 지금의 종합병원과 비슷한 동서대비원이 있었어.

개경과 서경에 설치한 병원이었는데 아픈 사람은
누구든 치료받을 수 있었지.
동서대비원은 의료 기관이었지만 가난한 백성들에게
음식을 나눠 주는 구제 기관의 역할도 했어.
예전에는 제대로 먹지 못해 아픈 사람들이 많았거든.
또 백성들에게 무료로 약을 나눠 주는 혜민국이 있었고,
전염병이 돌 때 치료를 담당했던 구제도감도 있었어.
그리고 각 지방에 세웠던 약점은
지금의 보건소와 비슷한 역할을 했어.

우리나라 의학의 발전

조선 시대 전기와 중기

조선은 고려의 의료 제도를 이어받아 꼼꼼하게 다듬었어.
왕실을 담당하는 내의원이 있었고,
의학 교육과 제도를 맡았던 전의감이 있었어.
백성을 치료하는 혜민서,
전염병 치료를 전담하는 활인서도 두었지.
의사가 되고 싶은 학생들은 의학 이론을 기본으로
유학 경전과 역사책도 공부해야 했어.
내장 기관, 약초, 약을 처방하는 방법,
손목의 맥을 짚어 병을 알아내는 방법,
침을 놓아 병을 치료하는 방법까지
모두 익히고 꾸준히 수련해야 했지.
그런 의사들의 공부가 쌓이고 쌓여 《향약집성방》과
《동의보감》 같은 의학서가 만들어졌고,
고유한 우리의 의학이 발달할 수 있었어.

조선 시대 후기

조선 후기가 되면서 의사의 수가 많이 늘어났어.
자연스럽게 민간 의원이 생기게 되었고
이런 문화는 수도 한양에서 시작해 지방으로 이어졌어.
백성들이 전보다 쉽게 치료를 받을 수 있게 된 거야.
민간 의원 가운데서도 실력이 뛰어난 이들을
나라의 의관으로 뽑기도 했어.
이를 의약동참제라고 하는데, 바로 황도연이
이런 제도를 통해 궐에 들어가게 되었어.
저잣거리에서 행한 다양한 치료 경험과
오랜 시간 쌓인 국가의 의학 이론이 더해져
의술이 더욱 발전한 거지.

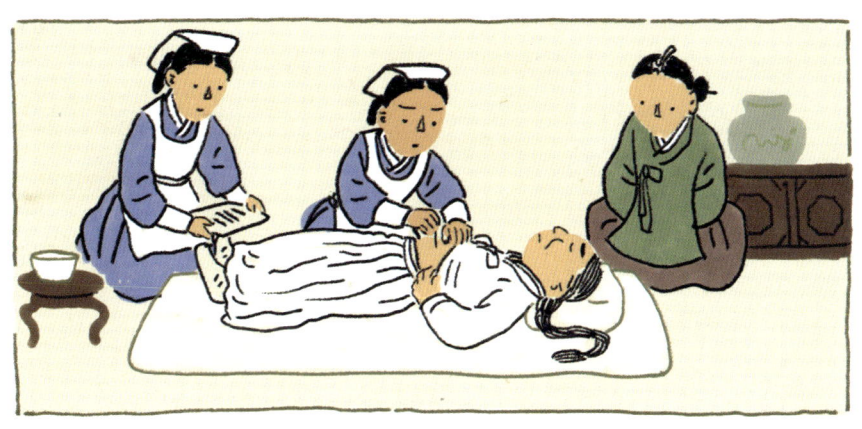

조선 시대 여성 전문직이었던 의녀

조선에는 여성 의원을 길러내는 의녀 제도가 있었어.
의녀가 처음 등장한 건 3대 왕인 태종 때야.
의녀는 그 옛날 여성이 할 수 있는 드문 전문직이었어.
남녀를 구분 짓던 조선 사회에서 지배층 여성을
치료하기 위해 여성 의사가 필요했던 거야.
세종의 충치를 치료한 장덕, 영조가 아플 때 침을
잘 놓던 송월, 뛰어난 의술로 드라마 주인공이 된 장금까지
많은 의녀가 역사책에 이름을 남겼어.

인간과 전염병

전염병의 탄생

인간은 농사를 지으며 한곳에 모여 살기 시작했고,
온갖 야생 동물을 가축으로 길렀어.
좁은 공간에 많은 인간과 동물이 복작거리며 살게 되었으니
전염병이 생겨난 건 어쩌면 당연한 결과일 거야.
인간이 걸리는 전염병은 1400여 종이 있는데,
그 가운데 동물로부터 온 것이 800여 종이나 된다고 해.
홍역은 소, 양, 염소에게서 옮겨 왔고,
천연두는 낙타와 설치류,
인플루엔자는 오리와 거위에게서 옮겨 왔어.
역사 속에서 인간은 늘 전염병과 싸워 왔어.
그 가운데 몇 가지 전염병을 소개해 줄게.

염병과 학질

조선 시대에는 본격적으로 자연을 파헤치기 시작해.
원시 숲과 늪이 사라졌고,
이를 터전으로 삼던 커다란 동물들도 사라졌어.

자연을 개간하고 논을 만들면서 크게 유행했던
장티푸스는 옛말로 이질 또는 염병이라고 불렀어.
염병은 욕으로 쓰이기도 했지.
장티푸스는 거름으로 만들지 않은 더러운 똥오줌이
물이 고인 논으로 흘러들어서 생겨.
그래서 《동의보감》에서는 장티푸스 치료법과 함께
예방을 위한 청결을 강조했어.
모기를 통해 전염되는 말라리아도 무서운 병이었는데,
장티푸스처럼 습지 개발과 관련이 있지.
옛말로 학질이라고 불렀어.

홍역과 천연두

상공업이 발달하고 마을과 마을이 이어지면서
사람들은 이곳저곳 다니기 시작했고,
전염병이 옮겨 다니기 좋은 환경이 됐어.
조선이 가장 살기 좋았던 18세기에는
전국에서 홍역이 유행했어.
정조의 아들 문효세자도 태어난 지 22개월 만에
홍역으로 세상을 떠났어.
천연두 역시 조선 후기 내내 사람들을 괴롭혔어.

뛰어난 실학자였던 정약용은
홍역 치료법을 정리한 《마과회통》을 썼고,
천연두를 예방하는 방법을 소개하기도 했어.
천연두를 앓은 뒤 얼굴에 남은 흔적을 마마 자국이라 불렀어.
천연두는 호랑이한테 물려 가는 호환만큼이나 무서운 일이라서
조선 사람들은 두려운 일이 생기면
'호환, 마마보다 두렵다.'는 표현을 쓰곤 했어.

콜레라

산업 혁명이 시작되고
온 세계가 연결되면서 전염병은
더 큰 골칫거리가 되었어.
황도연이 고민했던 콜레라는
본래 인도 갠지스강 유역에
있던 질병이었는데 영국이
인도를 침략하면서 영국 군인을
따라 온 세계에 퍼졌지. 조선도 피해가 심각했어.
그러나 콜레라는 인간이 전염병을 극복하는
계기가 되기도 했어. 19세기 후반 유럽에서는
콜레라 덕분에 현대 의학이 발전했고,
현미경으로 질병을 퍼뜨리는 미생물을 발견했어.
손을 씻는 비누도 값싸게 만들어지면서
'위생'이라는 개념이 생겼지.
제1차 세계 대전 뒤 인플루엔자가 유행할 때
미국은 비말을 막는 마스크를 쓰기 시작했어.
19세기 말, 조선도 콜레라 예방법을 만들었어.
예방 접종을 했고, 다른 나라에서 들어오는 배를 검역했어.
약품의 관리나 의사 제도 역시 현대적으로 정비하기 시작했지.

소곤소곤 뒷이야기

살처분을 멈춰야 할 때!

농업 국가인 조선에서 소는 가장 중요한 가축이었어.
그런데 17세기, 요동에서 시작된 우역 바이러스가
한반도에 옮겨 와 나라에 있던 소들 절반 가까이가 죽었어.
농민들에게 끔찍한 일이었지.
오늘날은 더 심각해. 우리는 지금 값싼 고기를 얻기 위해
좁은 공간에 돼지나 닭을 가두어 기르고 있어.
동물들이 좁게 붙어 있고, 유전자가 다양하지 않으니
전염병이 아주 잘 퍼져. 가축 전염병이 돌면
병에 걸리지 않은 가축도 산 채로 땅에 묻는데,
해마다 수백만 마리의 소, 돼지, 닭, 오리가 살처분돼.
지구는 다양한 생명이 함께하는 곳이지,
인간만이 사는 곳이 아니야.
인간 혼자 살 수 없다는 것을 우리는 알아야 해.

역사 인물 돋보기: 정치+사회 02
조선의 참된 의사 황도연

2025년 8월 7일 1판 1쇄 펴냄
글 한민혁 | **그림** 김병하

편집 김누리, 김성재, 이정희, 임헌
디자인 박진희 | **제작** 심준엽
영업마케팅 심규완, 양병희, 윤민영 | **영업관리** 안명선
새사업부 조서연 | **경영지원실** 차수민
인쇄와 제본 (주)상지사 P&B

펴낸이 유문숙 | **펴낸 곳** (주)도서출판 보리 | **출판등록** 1991년 8월 6일 제9-279호
주소 (10881) 경기도 파주시 직지길 492
전화 031-955-3535 | **전송** 031-950-9501
누리집 www.boribook.com | **전자우편** bori@boribook.com

ⓒ 김병하, 한민혁, 2025

이 책의 내용을 쓰고자 할 때는, 저작권자와 출판사의 허락을 받아야 합니다.
잘못된 책은 바꾸어 드립니다.

값 9,000원

*보리는 나무 한 그루를 베어 낼 가치가 있는지 생각하며 책을 만듭니다.

ISBN 979-11-6314-428-1 (74910)
　　　979-11-6314-426-7 (세트)

제품명 도서 **제조자명** (주)도서출판 보리 **주소**(10881) 경기도 파주시 직지길 492 **전화번호** (031) 955-3535
제조년월 2025년 8월 **제조국** 대한민국 **사용연령** 10세 이상 **주의사항** 책의 모서리가 날카로우니 다치지 않게 주의하세요.
KC 마크는 이 제품이 공통안전기준에 적합하였음을 의미합니다.